Kronenkranich

Thomson-Gazelle

Gepard

Ibisvogel

Giraffe

Zebra

Flußpferd

Fischadler

Leopard

Hyäne

Geier

Krokodil

Wenn die Elefanten tanzen…

TIERE IN DER SAVANNE

EIN BILDERBUCH

ÜBER TIERE IN OSTAFRIKA

INGA BORG

URACHHAUS

In »Die Giraffe kann nicht schlafen...« (Urachhaus 1981) hat Inga Borg von vier anderen Tieren erzählt, vom Marabu, dem Löwen, der Giraffe und dem Zebra.

Die Namen sind der Swahili-Sprache entliehen:

Tembo	Elefant
Duara	rund
Mtoto	Kind
Nzuri	gut
Kiboko	Flußpferd
Maji	Wasser
Hippopo	Hippopotamus = Flußpferd auf Latein, Englisch und mehrere andere Sprachen
Jabali	Fels
Sufu	Wolle, wollig
Nyani	Pavian
Nyepesi	leicht
Duma	Gepard
Chui	Leopard

ISBN 3 87838 325 8

© 1984 Verlag Urachhaus Johannes M. Mayer GmbH Stuttgart.
© 1983 Inga Borg, Almqvist & Wiksell Förlag AB.
Alle Rechte vorbehalten.
Aus dem Schwedischen von Birgitta Kicherer.
Titel der schwedischen Originalausgabe: »När elefanterna dansar...«
Satz: Offizin Chr. Scheufele, Stuttgart.
Druck: Plurigraf.

Inhalt

Wenn Tembo tanzt

In einer Savanne in Ost-Afrika stehen ein paar Elefanten unter einem Akazienbaum. Sie drängen sich aneinander, um alle im Schatten Platz zu finden. Es ist Mittagszeit, die Sonne brennt auf die weite Grasebene mit ihren Bäumen und Büschen herab. Die meisten Tiere suchen den Schatten auf, um während der Mittagshitze zu ruhen. Kleine Impala-Antilopen haben sich ins Gebüsch gelegt, und unter einem anderen Akazienbaum stehen Zebras. Aber eine Grant-Gazelle scheint die Hitze zu genießen, und kleine Klippschliefer klettern munter über ein paar Felsblöcke, ohne sich von dem starken Sonnenlicht gestört zu fühlen. Im Sand liegen weiße Knochen, vielleicht die Reste eines Elefanten, der während der langen, schweren Trockenzeit gestorben ist. Es gab für die Tiere kaum etwas zu fressen und zu trinken. Aber schließlich begann doch der lange Regen. Und jetzt, nach der Regenzeit, wächst und gedeiht alles besonders gut.

Die Elefanten unter der Akazie sind Muttertiere mit ihren Jungen. Auch der junge Elefant Tembo gehört zu der Gruppe. Die Elefanten dösen vor sich hin und wedeln sachte mit ihren großen Ohren – das ist ihre Art, sich Kühlung zu verschaffen.

Ein Schwarm weißer Vögel fliegt hin und her, Kuhreiher, die auf der Jagd nach Insekten sind. Sie folgen Insektenschwärmen oder landen alle gleichzeitig im Gras, um Heuschrecken aufzupicken.

5

Jetzt ist es für die Elefanten an der Zeit, den Schatten zu verlassen und sich auf die Savanne hinauszubegeben, um Gras und Blätter zu fressen.

Ein Reiher landet vor Tembo und wartet darauf, daß Tembo sich in Bewegung setzt. Die Reiher reiten gern auf den großen Elefanten, auf den Büffeln und Nashörnern...Wenn die großen Tiere durchs Gras trampeln, scheuchen sie eine Menge Insekten auf, die den Reihern dann als willkommene Beute dienen.

Tembo streckt seinen Rüssel aus, um den Geruch zu erspüren, den der Wind mit sich trägt. Der Rüssel ist sehr wichtig für Tembo. Damit kann er schnuppern, fühlen und pflücken, Sachen heben, tragen und ins Maul stecken, Luft und Wasser einsaugen und auspusten, Dinge festhalten, andere Elefanten streicheln und Trompetenstöße erzeugen.

Tembo ist sieben Jahre alt. Er wiegt ungefähr tausend Kilo. Als er auf die Welt kam, wog er schon hundert Kilo. Er wird sein ganzes Leben lang weiterwachsen. Als alter Elefant von sechzig Jahren oder mehr wird er bestimmt sechstausend Kilo wiegen! Tembo wird erst mit vierzehn erwachsen – ein Elefantenjunges wächst langsam, genau wie ein Menschenkind.

Tembos Familie besteht aus seiner Großmutter, seiner Mutter, ein paar Tanten, seiner Schwester Duara, die zwölf Jahre alt ist, seinem kleinen dreijährigen Bruder Mtoto und ein paar gleichaltrigen Vettern und Basen. Tembos Vater hält sich woanders auf. Elefantenväter gehen lieber ihre eigenen Wege.

Anfangs kann ein Elefantenjunges nicht sehr viel, es muß erst alles lernen – genau wie ein Menschenkind. Der kleine Mtoto kann seinen Rüssel noch nicht zum Wassertrinken benützen. Aber er spielt gern damit. Zum Beispiel steckt er sich den Rüssel ins Maul, um daran zu lutschen – genau wie wenn Menschenkinder am Daumen lutschen! Große Elefanten tun das auch.

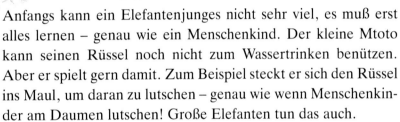

Tembos Mutter bleibt stehen, um den kleinen Mtoto zu säugen. Sie stellt ihr eines Vorderbein vor, damit er eine ihrer beiden Brüste leichter erreichen kann. Der kleine Mtoto muß den Rüssel nach hinten legen, um mit dem Maul die gute Milch seiner Mutter saugen zu können. Eine Elefantenmutter hat vier Jahre lang Milch für ihr Junges und läßt manchmal auch ältere Junge trinken.

Tembo will auch von der Milch seiner Mutter kosten. Aber seine Stoßzähne sind zu groß, sie stören beim Trinken und tun seiner Mutter weh. Sie schubst ihn weg.

Als Tembo zwei Jahre alt war, bekam er seine ersten Stoßzähne, kleine gelbweiße glänzende Spitzen. Das waren aber nur Milchstoßzähne, die bald abfielen. Dann begannen die richtigen Stoßzähne herauszuwachsen. Bei einem Elefanten wachsen die Stoßzähne und die Zähne drinnen im Mund das ganze Leben lang. Aber die Zähne werden abgenützt. Ein Elefant bekommt im Laufe eines Lebens ungefähr sechsmal neue Zähne.

Tagsüber wandert Tembos Familie auf der Savanne umher und grast.
Tembo sieht seiner großen Tante beim Weiden im hohen Gras zu. Sie packt ein Grasbüschel mit dem Rüssel, dann schneidet sie das Gras mit dem Fuß ab – ein Schnitt mit den Zehennägeln. Schließlich fährt das ganze Grasbüschel in die Höhe und in ihr Maul hinein.

Tembo geht zu seiner Schwester Duara hinüber und steckt ihr seinen Rüssel ins Maul, um festzustellen, was sie frißt…Mmm, leckere Blätter! … Tembo stopft sich damit voll. Er scheint unersättlich zu sein!

Elefanten fressen gewaltige Mengen. Sie müssen fast zwanzig Stunden fressen, um ein paar hundert Kilo Gras, Blätter und Früchte, die notwendige Nahrung für vierundzwanzig Stunden, aufzunehmen. Wenn das Gras nicht ausreicht, fressen die Elefanten Büsche und Bäume auf. Alles wird verwüstet. Außerdem trinken sie viel Wasser, mindestens hundert Liter täglich – wenn Wasser vorhanden ist! In langen Dürreperioden kann es vorkommen, daß die Elefanten die Rinde von den Bäumen reißen, um an den Saft heranzukommen, und dabei sterben viele Bäume. Dieselben Elefanten, die weiches Gras und Blätter so behutsam abpflücken und sortieren können, sind auch in der Lage, Zweige abzubrechen und herunterzureißen und ganze Bäume umzustürzen. Elefanten brauchen sehr große Gebiete für ihre Wanderungen.

Aber einen Teil von all dem, was die Elefanten in sich hineinstopfen, scheiden sie als Kot wieder aus. Auf dem Erdboden liegen Haufen von Elefantenmist voller Samen, die bald zu wachsen beginnen. Kleine grüne Keime sprießen hervor, und Pilze strecken ihre Köpfe heraus und dienen Vögeln und anderen Tieren als Nahrung. Außerdem kommen kleine Mistkäfer und verteilen den Elefantendung über die Savanne. Sie formen ihn zu runden, glatten Kügelchen, die sie zwischen den Hinterbeinen davonrollen. Eilig laufen sie rückwärts und mit dem Kopf nach unten durch die Gegend und vergraben die Kugeln als Futter für ihre Larven. Auf diese Art werden Samen verteilt, die zu neuen Büschen und Bäumen heranwachsen können.

Tembos Familie nähert sich einer Schlammgrube. Der Schlamm darin schmeckt gut und enthält Salze, welche die Elefanten brauchen.

Tembo trottet vor den anderen zur Grube hinüber ... Aber was ist denn das? ... Da liegt ja etwas Unbekanntes, Dunkelgraues in dem Schlamm ... Oh, es scheint sich zu bewegen! ... Tembo erschrickt und schreit auf. Er sieht ein bedrohliches Horn aus dem Schlamm ragen und stürzt mit erhobenem Schwanz davon.

Eine Nashornmutter mit ihrem Jungen hat sich in den Schlamm gelegt, um sich abzukühlen. Die Nashornmutter wird nervös, als sie den Elefantenschrei hört. Aber sie weiß nicht recht, was sie tun soll. Und Tembo ist schon wieder zu seiner schützenden Familiengruppe zurückgelaufen. Der kleine Mtoto wird auch in die Gruppe hineingetrieben. Sämtliche große Elefanten stellen sich rings um die Jungen auf, um sie zu verteidigen.

Die Elefanten leben in kleineren Familiengruppen, die zusammen eine große Elefantenherde bilden. Die Herde wird von einer alten erfahrenen Elefantenkuh angeführt, die über alle wacht. Wenn Gefahr drohen sollte – vielleicht von Menschen, meistens aber von Löwen oder Hyänen, die kleine Elefantenjungen zu erwischen versuchen –, geht die Anführerin zum Angriff über, während die anderen davonrennen.

Die Anführerin von Tembos Herde heißt Nzuri. Sie befindet sich gerade in der Nähe und kommt laut trompetend mit klatschenden Ohren angerannt. Die Nashornmutter und ihr Junges fliehen voller Schreck. Nzuri bleibt daraufhin sofort stehen, schließlich war es nur ein Scheinangriff, das pflegt meistens zu genügen ...

Tembo beruhigt sich schnell wieder. Seine Mutter steckt ihm ihre Rüsselspitze ins Maul, und Duara streichelt ihm den Rücken. So, ist ja schon gut ... Das war doch gar nicht gefährlich!

Allmählich wird es Abend. Nzuri trompetet. Jetzt ist es an
der Zeit, zum Fluß hinunterzuziehen, um dort zu trinken
und zu baden! Die ganze Elefantenherde versammelt sich.
Aus allen Richtungen kommen Elefanten gemächlich ange-
trottet. Sie trompeten und begrüßen einander. Wenn die
Elefanten sich miteinander unterhalten, klingt das, als würden sie in ihrem Bauch
vor sich hin gurren. Die Elefantenjungen rennen verspielt umher. Selbst der große
Vater Elefant nimmt ein Weilchen an dem Treffen teil und schmettert eine Trom-
petenfanfare.
Tembo trifft einen jungen gleichaltrigen Elefanten. Sie strecken sich die Rüssel
entgegen, um sich zu begrüßen, drücken ihre Köpfe mit der Stirn aneinander und
beginnen zu pressen…Wer ist der Stärkere? Wer kann am besten mit den Stoß-
zähnen stoßen? Drei Schritte vor und zwei Schritte zurück … Ein paar Schritte zur
Seite … Und dann dreht man sich im Kreis herum … wie im Tanz … Tembo tanzt
und tanzt …
Beim Sonnenuntergang tanzen mehrere Elefanten. Die Jungen spielen wie wild.
Alle freuen sich, daß sie zusammen sind.

Unterwegs zum Fluß sieht Tembo einen sehr alten Elefantenbullen, der weit draußen im Sumpf steht. Der Alte ist ein wahrer Hüne, sieht aber sehr müde und mitgenommen aus. Seine gewaltigen Stoßzähne sind abgebrochen. Er frißt weiche, saftige Wasserpflanzen, das einzige, was er kauen kann, da er fast zahnlos ist. Ein paar jüngere Elefantenbullen halten sich in der Nähe des Alten auf, um ihn zu beschützen. Notfalls nehmen sie ihn in ihre Mitte und verstecken ihn ... vielleicht vor den Menschen ... Wenn er eines Tages stirbt, werden sie versuchen, seinen Körper mit Gras und Büschen zuzudecken.

Tembo bleibt ein Weilchen bei einer Grube voller Sand stehen. Er bläst sich Sand auf den Rücken, das tut der dicken Elefantenhaut gut. Dann reibt er sich an einem großen Stein, um sich zu kratzen. Anschließend läuft er zum Flußufer hinüber.

Als die Elefanten beim Fluß angekommen sind, verteilen sie sich am Ufer entlang. Zuerst bleiben sie einfach ein Weilchen stehen, um nach der Hitze des Tages die Nähe des Wassers zu genießen.

Nzuri watet als erste in den Fluß hinaus. Sie steckt den Rüssel hinein, saugt Wasser auf und spritzt es sich ins Maul. Sie trinkt tüchtig, jedesmal saugt sie mindestens zehn Liter auf. Bald kommen auch die anderen ins Wasser hinaus, die Mütter zuerst und die Jungen hinterher.

Alle trinken und duschen sich gegenseitig und wälzen sich im Wasser. Duara spielt mit dem kleinen Mtoto. Sie legt sich auf die Seite, damit er auf ihren runden Bauch hinaufklettern kann ... bis er ins Wasser hinunterrutscht ... Das macht Spaß! Vergnügt wedelt er mit dem Rüssel ... Noch einmal!

Tembo hat keine Lust, mit den Kleinen zu spielen. In ein paar Jahren wird er ein erwachsener Elefantenbulle sein. Da muß er dann die Familiengruppe mit den Elefantenkühen und den kleinen Jungen verlassen und mit anderen jungen Bullen umherziehen. Daher will er jetzt lieber kämpfen und stoßen und seine Kräfte messen ... nur im Spiel natürlich ... er möchte tanzen!

Es wird rasch dunkel. Nzuri trompetet, daß es an der Zeit ist, den
Fluß zu verlassen und zu den Hügeln am Horizont hinüberzuwan-
dern. Dort werden die Elefanten sich während der Nacht aufhal-
ten, dort werden sie fressen und schlafen und sich mit den Jungen
in der Mitte wieder zu Familiengruppen versammeln.
Die Sonne geht unter, und die Dunkelheit sinkt auf die Savanne
herab.
Die Elefanten wandern gemächlich davon und lassen den Fluß
hinter sich.

Kiboko wohnt im Fluß

Bevor Tembo den Fluß verläßt, sieht er dunkle Köpfe, die sich im Wasser bewegen. Große dicke Leiber liegen wie Inseln im Fluß. Er hört Plantschen und Schnauben. Manchmal steigen stoßweise mächtige Grunzlaute zu den Baumkronen empor ... Höhöhö ... Tembo sieht einen großen Kopf mit kleinen wedelnden Ohren. Und gleich daneben schaut ein kleiner Kopf heraus. Plötzlich verschwinden beide, versinken im Wasser und sind weg ... Tembo hat keine Zeit, sich darüber den Kopf zu zerbrechen, er muß hinter Duara hereilen, die ihn schon längst gerufen hat.

Der große und der kleine Kopf tauchen an einer anderen Stelle bald wieder auf. Es sind das Flußpferdweibchen Kiboko und ihr kleines Junges Maji, die zu einer großen Flußpferdfamilie gehören, die hier im Fluß wohnt.

Ein Flußpferd ist ein großes Säugetier, das beinahe sein ganzes Leben im Wasser verbringt. Es kommt dort auf die Welt und stirbt dort, es schläft und spielt dort, alles macht es im Wasser, nur zum Fressen geht es nachts an Land.

Für Tembo ist jetzt Abend und Schlafenszeit. Aber für Kiboko ist bei Anbruch der Dunkelheit Morgen und Zeit zum Aufstehen. Kiboko und die kleine Maji nähern sich dem Ufer. Alle Flußpferde wollen hinauf an Land. Die Flußpferdfamilie besteht aus mehreren Muttertieren mit ihren Jungen. Ein paar große Bullen halten in der Nähe Wache. Als Kiboko aus dem Wasser herauskommt, sorgt sie dafür, daß Maji ganz in ihrer Nähe bleibt.

Die Flußpferde verteilen sich über die Grasebene und wandern ihre ausgetrampelten Pfade zu ihren eigenen Weideplätzen, wo sie Gras fressen. Im Wasser sind die Flußpferde gesellig, aber an Land wollen sie allein sein. Ein jeder paßt gut auf seinen Weideplatz auf. Nur die Mütter mit ihren Jungen bleiben zusammen.

Ein großer Flußpferdbulle, Hippopo, bleibt plötzlich stehen. Er wittert den Geruch einer Hyäne, die zum Fluß unterwegs ist, um dort zu trinken. Wenn ein Flußpferd an Land gestört oder beunruhigt wird, kehrt es am liebsten ins Wasser zurück, und wenn ihm dann jemand im Weg steht, wird es wütend und sehr gefährlich, es kann sogar zum tödlichen Angriff übergehen. Das Flußpferd sieht zwar gutmütig aus, hat aber fürchterliche Hauer in seinem Maul. Hippopo mag schwer und plump erscheinen, aber er kann dennoch sehr schnell laufen! Die Hyäne macht lieber kehrt und flieht…

Die ganze Nacht weidet Kiboko mit der kleinen Maji neben sich im mondbeschienenen, silbrig schimmernden Gras.

Als der Morgen kommt, liegen die Flußpferde am Ufer und schlummern in der frühen Morgensonne. Doch schon bald wird es heiß, und die Sonne beginnt herabzubrennen. Da ist es Zeit für die Flußpferde, in das kühle, nasse Flußbett zurückzukehren.

Kiboko geht mit der kleinen Maji ins Wasser hinaus. Ein junges verspieltes Flußpferd versucht sich Maji voller Neugier zu nähern. Aber Kiboko jagt es davon, daß das Wasser nur so spritzt.

Wenn ein Flußpferd sich zur Ruhe begibt, versinkt es langsam im Wasser. Nur Augen, Ohren und Nasenlöcher bleiben über der Wasseroberfläche. So kann es hören, sehen und atmen, ohne selbst gesehen zu werden.

Kiboko entdeckt fremde Augen und Nasenlöcher, die auf der Wasseroberfläche dahintreiben und die einem Krokodil gehören. Flußpferde und Krokodile leben meistens friedlich im selben Gewässer zusammen. Aber die kleine Maji ist trotzdem ein recht verlockender Leckerbissen ... Sie muß sofort auf Mutters sicheren Rücken hinaufklettern!

Am Ufer liegt ein Krokodilweibchen. Es ist völlig unbeweglich. Es hütet seine Eier – beinahe siebzig Stück, die es tief in den Sand eingegraben hat. Jetzt muß es drei Monate lang hier liegenbleiben und aufpassen, bis die kleinen Krokodile endlich ausschlüpfen. Es gibt viele Tiere, die gern Krokodileier fressen, Marabus und Paviane zum Beispiel...

Ein Flußpferd ist eigentlich ein riesiges Schwein, das sich an das Leben im Wasser angepaßt hat. Es kann bis zu zweitausend Kilo wiegen. Sein Körper ist dick und rund, aber nicht fett! Er besteht zum größten Teil aus Muskeln und Bauch. Der Magen des Flußpferdes hat drei große und elf kleine Abteilungen, die langsam große Mengen von hartem, dickem Gras verdauen. Während langer Trockenzeiten reicht das Gras nicht. Da bleiben die Flußpferde dort, wo der Fluß tief genug ist, still im Wasser liegen und hungern, während sie auf bessere Zeiten warten.

Das Flußpferd hat das größte Maul, das es gibt. Ab und zu sperrt es sein Maul zu einem gewaltigen Gähnen auf ... Nicht aus Schläfrigkeit, sondern eher, um Luft und Gase aus dem Magen herauszulassen. Auch um andere Tiere zu beeindrucken oder um ihnen Angst zu machen, reißt es gern das Maul auf. Hippopo stößt auf einen anderen großen Bullen, der in Hippopos Gebiet eindringen möchte. Da muß Hippopo das Maul weit aufreißen ... am besten noch weiter als der andere! Vielleicht muß er sogar kämpfen, hauen und beißen ... Doch der andere gibt gleich auf, macht kehrt und flieht.

Hinten am Flußufer ist ein anderes großes und fürchterliches Maul mit Reihen von scharfen Zähnen zu sehen. Es gehört einem Krokodil, das stundenlang regungslos mit aufgesperrtem Maul daliegt. Und zwar nicht, um irgend etwas Eßbares im Maul zu fangen, und auch nicht, um anderen Tieren Angst zu machen. Es sperrt einfach das Maul auf, um die Wärme aus seinem Körper herauszulassen – das ist die Art der Krokodile zu schwitzen und mit der Hitze fertig zu werden.

Nachts jagt das Krokodil im Wasser. Da ist es blitzschnell und tötet seine Beute mit Schwanzschlägen oder mit seinen gewaltigen Kiefern.

Nachdem das Krokodilweibchen seine Eier drei Monate lang gehütet hat, hört es eines Tages Piepstöne aus dem Sand dringen. Da muß die Krokodilmutter die Kleinen rasch ausgraben und ins Wasser bringen, sonst ersticken sie oder werden von anderen Tieren aufgefressen. Zärtlich und behutsam nimmt sie die Jungen auf den Rücken und auf den Kopf, ja, manche sogar vorsichtig ins Maul! Dann führt sie die Jungen an einen geschützten Platz im Fluß, wo sie ihnen eine Kinderstube einrichtet.

Tagsüber liegt die Flußpferdfamilie im kühlenden Wasser. Dort schlafen die Flußpferde, dort wälzen sie sich, spielen und plantschen sie und lauschen dem Vogelgesang aus den Bäumen. Die Flußpferde tauchen oft unter und bewegen sich leicht unter der Wasseroberfläche. Aber ein Flußpferd schwimmt nicht! Es geht im Wasser! Unten auf dem Grund des Flusses kann es wie an Land umherspazieren und rennen. Es verschließt seine Nasenlöcher und bleibt fünf Minuten oder mehr unter Wasser, ja, es kann sogar fast eine halbe Stunde unten bleiben.

Flußpferde scheiden unter Wasser häufig und in großen Mengen ihren Kot aus. Sie verteilen den Mist durch kreisende Schwanzbewegungen. Der Mist kommt Fischen und kleineren Wassertieren als Futter zugute. Wo Flußpferde sind, gibt es auch zahlreiche Fische, und dadurch finden auch viele Vögel dort einen guten Futterplatz. Verschiedene Arten von Reihern und Störchen, Fischadler, Ibisse, kleine Schnepfen, Eisvögel und viele andere Vögel versammeln sich dort. Ein paar lassen sich auf den Rücken der Flußpferde nieder, um von dort aus nach Futter zu suchen und zu fischen...

Als Maji auf die Welt kam, stand Kiboko auf dem Flußgrund. Ein paar Flußpferdmütter standen um sie herum und verjagten alle Krokodile in der Nähe. Sofort nachdem Maji geboren war, brachte Kiboko sie zum Atmen an die Wasseroberfläche. Wenn Maji bei ihrer Mutter trinkt, ist sie dabei am liebsten unter Wasser.

Wenn die Sonne sinkt, wird die Luft kühler, und die Flußpferde
begeben sich an Land. Kiboko verläßt das Wasser mit der kleinen
Maji an ihrer Seite. Maji findet es spannend, an Land zu sein, wo
es so viel zu schnuppern gibt. Aber sicherer ist es doch im Wasser.
Kiboko ist die ganze Zeit sehr wachsam.
Etwas weiter entfernt stehen ein paar Zebras am Ufer und trinken
Wasser. Diese Zebrafamilie kommt täglich an den Fluß. Die Ze-
bras sind vorsichtig. Ein paar halten die ganze Zeit über Wache.
In den Bäumen schnattern die Affen, und die Zebras spitzen die
Ohren. Nachdem alle fertig getrunken haben, verlassen die Ze-
bras den Fluß und kehren in die offene Savanne zurück.

Im Laufe des Abends wird es am Flußufer immer lebhafter. Das sind die Affen oben in den Bäumen, die einen solchen Lärm machen. Sie schnattern und rufen, schreien, schimpfen und schwatzen ... Eine Horde Paviane wohnt hier am Fluß in einem großen Feigenbaum, ihrem Schlafbaum.

Ein paar schwarze Büffel kommen ebenfalls ans Ufer. Sie suchen eine Stelle auf, wo es besonders viele Wasserpflanzen gibt. Die Büffel waten in das seichte, schlammige Wasser hinaus und legen sich mitten zwischen die Seerosen und Wasserlilien hin. Dort bleiben sie wiederkäuend in aller Ruhe liegen. Büffel lieben es, mindestens einmal am Tag tüchtig naß zu werden.

Plötzlich geschieht etwas, das alle beunruhigt. Die Paviane schreien und lärmen schlimmer als sonst. Löwen! Zwei Löwinnen kommen mit einem Jungen an den Fluß, um zu trinken. Ihre Bäuche sind dick, sie sind so satt, daß sie sich kaum bewegen mögen. Also besteht keine Gefahr! Diese Löwen wollen nicht jagen, sondern nur ihren Durst löschen und sich anschließend schlafen legen. Kiboko läßt sich nicht aus der Ruhe bringen, die Löwen sind ja jenseits des Flusses.

Sufu hält im Baum Wache

Am nächsten Morgen, als Kiboko, die kleine Maji, der große Hippopo und die anderen Flußpferde sich wieder in den Fluß legen, geht es bei den Pavianen im Feigenbaum besonders aufgeregt zu. Der Große Jabali stößt Warnrufe aus: Die Löwen sind noch da! Am anderen Ufer zwar, aber doch. Vorläufig darf kein Pavian den Baum verlassen!

Oben in der gewaltigen Krone des Feigenbaumes haben die Paviane ihre festen Schlafplätze.

Mütter mit kleinen Jungen sind in der Baummitte am sichersten aufgehoben. Auf den untersten Zweigen halten ein paar Männchen Wache, damit sich keine Gefahr in den Baum hinaufschleicht.

Ein junger Pavian, Sufu, schwingt sich von Zweig zu Zweig. Er klettert zu einem der Wächter hinunter. Sufu würde so gern ebenfalls Wache halten ... Aber es ist genau bestimmt, wer Wache halten muß und wann die Ablösung kommt. Sufu muß noch warten, obwohl er eigentlich groß genug wäre! Sufu ist über ein Jahr alt und damit schon erwachsen. Er muß für sich selbst sorgen. Aber er braucht dennoch nicht allein zu sein. Paviane leben immer in der Gemeinschaft, sie müssen zusammenhalten. Ein einzelner Pavian würde den Raubtieren leicht zum Opfer fallen. Aber in der Horde ist der Pavian geschützt.

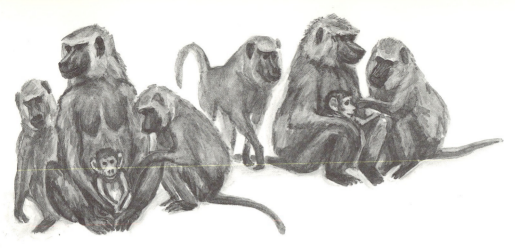

Sufu klettert zu seiner Mutter Nyani hinüber. Sie hält ihr Jüngstes, die kleine Nyepesi, fest im Arm. Sufu darf Nyepesi ein wenig streicheln. Alle kleinen Paviankinder haben runzlige, rosa Gesichter mit großen rosa Ohren. Das ist wie ein Signal für die erwachsenen Paviane, für die Kleinen zu sorgen und sie zu beschützen ... Daher sind die Mütter auch immer von mehreren Pavianen umgeben. Alle wollen bei der Kleinkinderpflege mithelfen. Die Löwen verschwinden vom Fluß. Bald darauf dürfen alle Paviane den Schlafbaum verlassen. Mutter Nyani klettert auf den Boden hinunter. Nyepesi, die erst ein paar Wochen alt ist, hängt festgeklammert unter dem Bauch der Mutter und schaut zwischen den Vorderbeinen hervor. Nyepesi sieht die Welt auf dem Kopf! Wenn ein Pavianjunges ein paar Monate alt geworden ist, klettert es auf den Rücken der Mutter hinauf und versucht zu reiten. Nach vier Monaten sitzt das Pavianjunge sicher wie ein erfahrener Reiter auf dem Rücken der Mutter. Es hält sich mit dem eigenen Schwanz fest und stützt sich auf den Schwanz der Mutter. Nur wenn die Mutter rennen muß, legt sich das Pavianjunge auf ihren Rücken und klammert sich eisern fest.

Die Paviane versammeln sich unten auf der Erde. Die Jungen benützen die Gelegenheit, um wild miteinander zu spielen. Aber wenn das Signal zum Aufbruch in die Savanne gegeben wird, ist das Spiel aus! Wenn die Pavianhorde unterwegs ist, muß eine genaue Ordnung eingehalten werden. Sufu hat gelernt, daß er nicht einfach drauflos rennen darf. Alle kennen ihren Platz. Die Mütter mit den Jungen müssen in der Mitte bleiben, ein paar große Männchen halten sich immer in ihrer Nähe auf, und der Große Jabali geht vor ihnen her, ringsum laufen andere Weibchen und Männchen, und ganz hinten und vorne an der Spitze ein paar Männchen, die Ausschau halten. Alle Jungen müssen auf ihren Müttern sitzen! Wer allein zu laufen versucht, wird sofort gepackt und auf den Rücken seiner Mutter gesetzt.

Der Große Jabali bestimmt, wohin man gehen soll. Er bestimmt alles in der Horde, zieht aber oft ein paar von den ältesten Männchen zu Rate.

Die Horde durchwandert täglich ein »eigenes« Gebiet der Savanne, ein eigenes Revier. Wenn Jabali stehenbleibt und zeigt, daß sie hier fressen sollen, wissen alle, daß sie angelangt sind. Zwei Männchen werden in den nächsten Baum hinaufgeschickt, um Wache zu halten. Die anderen beginnen zu fressen.

Paviane fressen Gras, Samen, Blumen, Früchte, Wurzeln und andere Pflanzenteile, aber auch Würmer, Ameisen, verschiedene Insekten und Eier...

Die Jungen dürfen ein Weilchen im Gras umhertollen, es sind immer genügend Erwachsene da, die auf sie aufpassen. Sufu zeigt einem Jungen, wie man leckere Graswedel abpflücken kann. Eine Hand mit Fingern und vor allem dem Daumen ist ein wichtiges Werkzeug, wenn man alles mögliche pflücken, anfassen und in den Mund stecken will...

Die Wachen in den Bäumen sitzen so, daß sie in verschiedene Richtungen blicken können. Nach und nach werden sie von neuen Wachen abgelöst. Alles wirkt ruhig. Als kleine Impala-Antilopen vorbeitrippeln, stößt niemand eine Warnung aus. Impalas sind sehr wachsame Tiere, und die Paviane sind froh, sie in der Nähe zu haben. Sie helfen sich gegenseitig bei der Wache vor gefährlichen Raubtieren. Vor großen Elefanten braucht man ebenfalls nicht zu warnen, obwohl sie Zweige abbrechen und ganze Büsche mitsamt den Dornen in sich hineinstopfen. Sufu bleibt ruhig sitzen und futtert Graswedel, und ein farbenprächtiger Star schaut ihm dabei zu.

Die Pavianhorde wandert weiter zu einer Futterstelle, die in der Nähe von Menschen liegt.

Dieser Teil der Savanne ist ein Wildreservat. Das bedeutet, daß die Menschen hier keine wilden Tiere jagen dürfen. Die Tiere sollen ihr Leben in Freiheit verbringen, in einer Natur, die vom Menschen weder besiedelt noch verändert wird. Mitten im Reservat stehen ein paar kleine Häuser und einige Zelte. In diesem Lager können alle, die hergekommen sind, um die Tiere anzuschauen, übernachten. Die Menschen dürfen hier im Reservat nicht frei herumspazieren. Das würde die Tiere beunruhigen. Statt dessen können die Besucher mit Autos durch die Savanne fahren, von denen sich die Tiere nicht so gestört fühlen.

Während die Pavianhorde in der Nähe des Lagers nach Futter sucht, sitzt eines der großen Männchen auf einem guten Aussichtsplatz und hält Wache.

Sufu trifft auf ein hüpfendes, brummendes Ding, das direkt vor ihm stehenbleibt. Es ist das erstemal, daß Sufu ein Auto so aus der Nähe sieht. Er richtet sich auf und schaut es neugierig an ... In dem Ding sitzen ein paar seltsame Geschöpfe ... Vielleicht fragt sich Sufu, was das wohl für eigenartige Tiere sind, die in diesem »Käfig« drinstecken ...

Weiter zum nächsten Futterplatz. Als hier die Wachen verteilt werden, geschieht das, worauf Sufu so lange gewartet hat. Sufu wird auch zum Wächter bestimmt, vorerst aber nur zur Übung. Ein älterer Pavian zeigt, wo Sufu sitzen und in welche Richtung er spähen soll. Zwei andere Männchen wachen in einem anderen Baum. Jetzt muß Sufu hier sitzenbleiben, bis er abgelöst wird.

Es ist anstrengend, nur so dazusitzen und Ausschau zu halten ...

Sufu beginnt die anderen Paviane etwas zu beneiden, die sich dort unten mit Leckerbissen vollstopfen oder weiter oben im Baum spielen und jagen ...

Plötzlich hört er etwas weiter weg ein Rascheln im Gebüsch. Sufu bekommt Herzklopfen ... Etwas bewegt sich zwischen den Blättern ... Es läßt sich schwer erkennen, was es ist ... Ach was, das sind ja nur ein paar Meerkatzen – Affen, die kleiner und dünner sind als Paviane. Von denen droht keine Gefahr! Meerkatzen würden es nie wagen, eine Pavianhorde zu stören.

Sufu späht ... Er fühlt sich wichtig. Aber es ist schwierig, so lange still zu sitzen ...

Sufu späht ... Er starrt auf die Savanne hinaus. In dem starken Sonnenlicht flimmert alles gelbweiß, die Luft ist heiß, der Wind streicht übers Gras ... Sufu wird vom vielen Schauen müde, er hat ja noch keine Übung im Wachehalten. Als ein Kronenkranich langsam unter dem Baum vorbeispaziert, kann Sufu es nicht lassen, dem schönen Vogel ein Weilchen nachzublicken und dessen Farbenpracht zu bewundern.

Vielleicht zu lange ... Als er seine Augen wieder hebt und auf die Savanne hinausblickt, ist da etwas ... Was mag das sein?! Etwas in einem Busch ... gelb mit schwarzen Punkten! O weh, Hilfe! Vielleicht ist das der gefährlichste Feind des Pavians – ein Leopard! Sufu stößt einen Warnschrei aus ... Er zeigt aufgeregt hinüber, bellt und hüpft auf seinem Ast auf und ab. Die anderen Männchen

beginnen auch zu warnen ... Wird jetzt etwa Panik und ein wildes Durcheinander ausbrechen? O nein, die Paviane wissen, was sie zu tun haben!

Alle versammeln sich um Jabali. Das Gelbe mit den schwarzen Punkten scheint sich dort weit hinten zu bewegen, es verläßt den Busch, kommt näher ... Da treten Jabali und die größten Männchen vor und bauen sich nebeneinander auf, der Gefahr zugewandt. Sie werden die Horde bis zum Letzten verteidigen, wenn es nötig sein sollte ... Währenddessen können sich die Weibchen mit den Jungen in Sicherheit bringen. Rasch und lautlos fliehen sie in einen Baum hinauf. Die Männchen dagegen brüllen und drohen. Sie machen furchterregende Gesichter, fletschen ihre langen Eckzähne und versuchen, möglichst bedrohlich auszusehen. Am liebsten möchten sie dem Feind nur Angst einjagen, aber sie sind auch bereit zu kämpfen ... Kein Raubtier, weder Leopard, Löwe, Gepard noch Hyäne, würde sich jetzt an sie heranwagen. Die Raubtiere können sich nur an einzelne Paviane heranschleichen und sie überraschen, wenn die Horde verteilt ist.

Das gepunktete Tier im Gebüsch ist kein Leopard. Es ist ein Gepardenweibchen mit Jungen, das jetzt langsam über die Ebene davonzieht und allmählich verschwindet. Für die Paviane ist die Gefahr vorbei.

Die Pavianhorde macht sich nach und nach auf den Heimweg, zurück zum Schlafbaum. Ab und zu legen sie eine Pause ein und hocken gesellig beieinander. Sufu nähert sich dem Großen Jabali, der ihn freundlich anschaut … Sufu setzt sich so nahe neben ihn, wie er es wagt. Vorsichtig beginnt er, den Großen Jabali zu »lausen« … Und der Große Jabali gestattet es! Es scheint ihm sogar zu gefallen. Zufrieden genießt er, als Sufu kleines Getier und trockene Hautplättchen abkratzt, die leicht abgehen und salzig und gut schmecken … Daß Sufu den Großen Jabali lausen darf, ist ein Beweis dafür, wie gut er seine Aufgabe ausgeführt hat. Heute ist Sufu in der Rangordnung der jungen Männchen in Jabalis Horde ein Stück aufgerückt.

Für die Paviane ist die gegenseitige Fellpflege sehr wichtig. Ein angenehmes und tröstliches Gefühl ist damit verbunden. Sie spüren dabei, daß sie zusammengehören. Ihr Zusammenhalt wird stärker.

Bei Sonnenuntergang ist die ganze Pavianhorde wieder zu ihrem Schlafbaum zurückgekehrt. Die Jungen dürfen noch ein Weilchen unten spielen. Doch dann ist es an der Zeit, in die festen Schlafplätze hinaufzuklettern. Ein paar große Männchen müssen unten auf dem Boden warten, bis die anderen oben sind, erst dann dürfen auch sie hinaufklettern. Und auf den untersten Zweigen sitzen natürlich Wächter. Sie müssen wach bleiben, bis sie abgelöst werden. Sufu fühlt sich ein wenig ängstlich in der schwarzen Nacht. Paviane fürchten sich vor der Dunkelheit. Daher schwatzen sie miteinander und murmeln die ganze Nacht vor sich hin, um sich gegenseitig Mut zu machen. Doch bald schläft Sufu ein.

39

Duma verliert ihre Beute

Die getüpfelten Tiere, die die Paviane für Leoparden hielten, waren das Gepardenweibchen Duma und ihre drei halbwüchsigen Jungen.

Am nächsten Tag sitzt Duma auf einem Hügel und späht über die Savanne. Ihre Jungen liegen im Schatten. Duma sitzt aufrecht und angespannt da, dreht den Kopf hin und her und späht nach Beute. Der kleinste Hase, die winzigste Grasratte würde ihr genügen. Aber eine kleine Antilope oder Gazelle wären ihr natürlich noch lieber. Duma kann auch größere Tiere erlegen, aber nur, wenn sie krank oder verletzt sind. Die Jungen können noch nicht jagen, das muß sie ihnen erst nach und nach beibringen.

Ein paar Giraffen ziehen vorbei. Duma versucht erst gar nicht, das Giraffenjunge zu erwischen, die erwachsenen Giraffen treten mit ihren harten Hufen allzu gefährlich um sich ... Ein Warzenschweinjunges, ja, das wäre schon etwas ... Aber Vater Warzenschwein hat den Geparden schon gewittert, worauf die ganze Familie mit erhobenen Schwänzen flieht. Eine Straußenfamilie spaziert vorbei ... für Duma ohne Interesse. Aber Vater Strauß, der die Nachhut bildet, ermahnt seine Jungen zur Eile ... Im Schatten eines Baumes stehen Antilopen. Weiter hinten erblickt Duma eine gute Beute: kleine Thomson-Gazellen, die auf der Ebene grasen ... Duma beschließt, einen Versuch zu machen. Sie ermahnt die Jungen, liegen zu bleiben, und begibt sich auf einem Umweg durch das hohe Gras zu den Gazellen hinüber.

40

Geparden jagen nicht in der Nacht und auch nicht im Rudel wie Löwen und Hyänen. Der Gepard schleicht sich auch nicht in der Dunkelheit an und klettert nicht in Bäume hinauf wie der Leopard. Der Gepard jagt allein und nur am Tag, voll sichtbar, wenngleich die getüpfelte Musterung seines Fells eine gute Tarnung bietet.

Duma nähert sich den Gazellen. Sie macht einen weiten Bogen, um gegen den Wind zu kommen, damit die Gazellen ihre Witterung nicht in die Nase bekommen. Vorsichtig, Schritt für Schritt, nähert sie sich ... Als eine Gazelle den Kopf hebt und sich umsieht, erstarrt Duma mitten im Schritt, völlig regungslos ... Als die Gazelle wieder grast, schleicht sie weiter ... Im richtigen Augenblick und genau im richtigen Abstand schnellt Duma blitzartig durch die Luft. Mit ein paar langen Sprüngen hat sie eine schwindelerregende Geschwindigkeit erreicht ... Die Gazellen fliehen voller Panik in alle Richtungen ... Das Ganze dauert nur ein paar Sekunden, dann hat Duma sie eingeholt ... Diesmal schlägt sie ihre Beute. Viele Jagdversuche sind Duma schon mißlungen. Aber eine der Gazellen hat ein verletztes Bein und kann nicht rechtzeitig entkommen.

Nachdem die Gazelle erlegt ist, schleppt Duma sie zu ihren Jungen zurück, eine ziemlich schwere Arbeit! Sie lockt ihre Jungen, die gleich voller Eifer fröhlich und hungrig angerannt kommen. Endlich ein Fest ... endlich gibt es etwas zu fressen!

Der Gepard ist das schnellste Säugetier der Erde, er erreicht seine Höchstgeschwindigkeit, die über hundert Stundenkilometer betragen kann, innerhalb weniger Sekunden. Aber lange hält er dieses Tempo nicht durch.

Dumas Körper ist für schnelles Laufen gebaut, das sieht man ihm an. Ein dünner schmaler Leib, ein langer Rücken, starke, hohe Beine, ein kleiner flacher Kopf, der den Luftwiderstand verringert, und ein langer, biegsamer Schwanz zum Steuern und Gleichgewichthalten. An den Pfoten hat der Gepard keine Katzenkrallen zum Greifen, Kratzen und Klettern, sondern eher Hundekrallen, die für Blitzstarts und harte, schnelle Rennen wie geschaffen sind.

Als Dumas Jungen klein waren, hatte ihr Fell im Nacken und am ganzen Rücken entlang lange weißblaue Haare. Eine gute Tarnung für kleine Gepardenjungen im Gras der Savanne, wenn die Sonne blendend herabscheint, der Wind übers Gras streicht und man in seinem Versteck bleiben muß, während die Mutter auf Jagd geht.

Jetzt sind die Jungen größer, ihr Fell ist gelb mit schwarzen Punkten, aber sie haben immer noch lange, glänzende Nackenhaare. Die schwarzweißen Flekken ganz außen an der Schwanzspitze haben bei jedem Geparden ein eigenes Muster – ein Zeichen zum Wiedererkennen, ungefähr wie ein Name.

Duma hat ihre Beute in einen Busch geschleppt. Die Jungen fressen eifrig und voller Gier. Duma muß die ganze Zeit aufpassen, während sie sich gleichzeitig beeilt, selbst auch so viel wie möglich zu fressen. Sie weiß, daß Eile geboten ist. In der Savanne gibt es viele aufmerksame Augen ... Besonders scharfsichtig sind die Geier, die nur das fressen, was schon tot ist. Dumas Beute ist rasch entdeckt ... Ein paar Geier kommen angeflogen und landen in der Nähe. Und das Gerücht breitet sich aus ... Plötzlich taucht eine Hyäne auf ... zwei, drei Hyänen nähern sich!

Duma weiß, was das bedeutet. Sie knurrt noch ein Weilchen, damit die Jungen noch ein paar Bissen verschlingen können ...
Dann gibt sie die Beute auf. Das muß sie tun, um die Jungen vor den frechen Hyänen zu schützen.

Duma ist daran gewöhnt, ihre Beute zu verlieren. Sie zieht mit ihren Jungen weiter. Etwas später, als die Jungen ausruhen müssen, steht Duma wieder auf einem Hügel und späht über die Savanne.

Die drei Hyänen stürzen sich auf die Beute und beißen und zerren daran. Aber sie fühlen sich nicht ganz sicher, als ob ihnen eine Gefahr drohte ...

Und richtig – aus einem dunklen Gestrüpp kommt der junge Leopard Chui auf weichen Pfoten angeschlichen. Chui hat gut versteckt im Gestrüpp geschlafen. Aber der Wind hat den Geruch von Dumas Beute in sein Versteck getragen. Ein sehr verlockender Geruch, der eine schon erlegte Beute bedeutet, also keine Mühe mehr mit der Jagd ... Nur noch drei Hyänen zu vertreiben ...

Die Hyänen sind für den Leoparden Chui, der sich mutig und entschlossen fühlt, ein leichtes Spiel. Die Hyänen haben Angst vor dem Leoparden. Eine nach der anderen verziehen sie sich und lassen die Beute zurück. Schließlich ist Chui allein mit Dumas Beute, der halbaufgefressenen Gazelle. Er beginnt sie sofort wegzuschleppen.

Ein Leopard paßt immer sehr gut auf seine Beute auf, er schleppt sie an einen anderen sicheren Ort, überläßt sie keinem anderen Tier und frißt sie allmählich in aller Ruhe auf.

Daher landet Dumas Beute jetzt hoch oben in einem Baum. Mitten im Baum liegt der Leopard selbst und döst vor sich hin ... Chui wartet mit der Mahlzeit ... Er wartet darauf, nicht mehr beobachtet zu werden ... Unter dem Baum wachen zwei Löwinnen mit einem Jungen. Sie sind gerade in dem Augenblick aufgetaucht, als Chui den Gazellenkörper in seine luftige »Speisekammer« hinaufschleppte. Als die Löwen Chui und seine Beute sehen, bekommen sie großen Appetit darauf und lassen sich unter dem Baum nieder.

Löwen können zwar in Bäume klettern, aber keineswegs so hoch und so gut wie ein Leopard. Daher ziehen es die Löwinnen vor, zu warten. Ob sie auf den Leoparden oder auf die Beute warten, ist nicht klar. Vielleicht hoffen sie nur, daß irgendein Stückchen herunterfallen wird ... Aber für Chui ist das sehr lästig. Er muß warten, bis die Löwen aufgeben. Und das kann lange dauern ...

Spät am Nachmittag liegen Duma und ihre Jungen im Gras und ruhen sich aus. Duma hat ihren Jungen beigebracht, platt auf dem Boden zu liegen, um nicht gesehen zu werden. Ein Auto voller Menschen, die Tiere anschauen wollen, fährt vorbei … Niemand entdeckt die Geparden. Geparden fühlen sich durch Autos ziemlich gestört.

Aber Leoparden sind wohl noch scheuer, ihre Verstecke sind geradezu unauffindbar. Sowohl Leoparden als auch Geparden sind von den Menschen wegen ihrer schönen Felle gejagt worden. Sie sind so häufig getötet worden, daß sie jetzt fast ausgerottet sind und von unserer Erde zu verschwinden drohen.

Selbst in den Wildreservaten kann es vorkommen, daß Wilderer dort Tiere erschießen, da es Leute gibt, die sie dafür bezahlen. Andere Menschen verdienen dann viel Geld am Verkauf der Felle, der Stoßzähne der Elefanten, der Geweihe, Zähne, Schwanzhaare und vieler anderer Sachen, die aus den Körperteilen getöteter Tiere gemacht sind. Eigentlich sollte kein einziger Mensch Lust haben, solche Pelze zu kaufen oder Schmuck aus Elfenbein oder Horn oder ähnliches. Dann könnte auch niemand mehr am Töten der Tiere Geld verdienen.

Bald ist es Abend. Duma leckt zärtlich ihre Jungen.

Duma begibt sich mit ihren Jungen an den Fluß, um zu trinken. Bei Sonnenuntergang versammelt sich Nzuris Elefantenherde. Tembo kämpft im Spiel ... er tanzt und tanzt.

Oben im großen Feigenbaum lärmen die Paviane. Sufu stößt einen Warnruf aus, als er Duma und ihre Jungen am Ufer sieht. Die Flußpferde liegen im dunklen Wasser des Flusses. Kiboko mit der kleinen Maji neben sich wartet, bis es Zeit ist, an Land zu gehen und die ganze Nacht Gras zu weiden.

Sie alle leben in einer Savanne in Afrika. Sie leben im Einklang mit der Natur, in einem Zusammenspiel, in dem alles zueinander paßt und das schon seit Millionen von Jahren auf unserer Erde besteht.

rant-Gazelle

Warzenschwein

Büffel

Marabu

Kuhreiher

Elefant

Perlhuhn

Strauß

Mistkäfer

Impala-Antilope

Löwe

Pavian

Klippschliefer

Meerkatze